Die Worte meiner Seele

Gedichte von
Kim-Luis Landig

Kim-Luis Landig

Die Worte meiner Seele

Lyrik

Bibliografische Information der Deutschen Nationalbibliothek:
Die Deutsche Nationalbibliothek verzeichnet diese Publikation in
der Deutschen Nationalbibliografie; detaillierte bibliografische
Daten sind im Internet über http://dnb.dnb.de abrufbar.

Herstellung und Verlag: BoD – Books on Demand, Norderstedt

ISBN: 978-3-7534-8201-9

INHALT

LIEBE UND FREUNDSCHAFT

Mein Sonnenschein

Umgeben von Eiseskälte,

traf ich meinen Sonnenschein,

der plötzlich die ganze Welt erhellte,

also ließ ich ihn in mein Herz hinein.

Mein Sonnenschein sammelte all seine Strahlen,

um mich vor dem Erfrieren zu retten,

und verbrannte damit all meine Qualen,

die sich um mich legten, wie die festesten Ketten.

Solch eine wärmende Kraft

werde ich mein Leben lang festhalten,

denn so etwas hat noch niemand geschafft,

mich zu retten vor dem Erkalten.

Ich hoffe Du hörst mir jetzt ganz genau zu.

Der strahlendste Sonnenschein, das bist Du.

Kein Sonnenschein

kann strahlender sein.

Niemand außer Du

Niemand versteht mich so genau wie Du.

Niemand hört mir so genau zu.

Man sagt, dass man sogar Pause von den richtigen Personen

braucht.

Denkst Du das auch?

Ich denke das nicht.

Abstand von Dir ist wie ein Messer, das mich ersticht.

Von Dir brauche ich keine Pause.

Wenn ich mit Dir zusammen bin, bin ich zu Hause.

Ich könnte mit Dir immer etwas unternehmen.

Vor Dir brauche ich mich für nichts zu schämen.

Du akzeptierst alles an mir.

Auch jetzt wünschte ich mir, Du wärst hier.

Ich lasse Dich niemals los.

Meine Liebe zu Dir ist viel zu groß.

Was mache ich bloß,

wenn Du einmal zu weit weg bist?

Wenn alles in mir, alles in Dir so sehr vermisst.

Dann denke ich an alles, was wir zusammen erlebt haben.

Sehe dabei Dunkle, aber auch viele helle bunte Farben.

Dann denke ich an alles, was wir beide noch vorhaben.

Dabei sehe ich süße saftige Früchte, die wir durch unsere Arbeit

ernten können.

Wir werden uns daneben natürlich auch viel Ruhe gönnen.

Neben schönen Erlebnissen und bester Arbeit.

Auf eine Zukunft und eine Gegenwart mit Dir bin ich bereit,

weil alles in mir schreit:

„Freiheit, Freiheit, Freiheit!"

Bei Dir finde ich sie.

So sicher war ich mir noch nie.

Wir haben so viele gemeinsame Interessen.

Und das ist nicht nur das gesunde Essen.

Um 11:11 Uhr gucken wir gleichzeitig auf die Uhr.

Über jede Frage wird genauestens nachgedacht.

Wir können still sein wie die Nacht.

Dann wieder laut sein und voller Elan.

Du bist mein Seelenbalsam.

Ich habe deine volle Aufmerksamkeit.

Du hörst jedes meiner Worte mit Sicherheit.

Wir beide sind eine Einheit.

Vor Dir muss ich nicht schick aussehen.

Du willst bloß meine Seele verstehen.

Du willst meine Persönlichkeit sehen.

Haben wir uns, werden unsere Probleme im Winde verwehen.

Das was zwischen uns ist geht tiefer als jede

Seelenverwandtschaft.

Dafür finde ich keinen Begriff,

aber Du bist mein Lebenssaft.

Ich hätte ohne Dich so vieles nicht geschafft.

Unter anderem den Weg zu mir.

Gleichzeitig führte er zu Dir.

Wir streben nach dem Leben im Jetzt und Hier.

Im Hier und Jetzt.

Wir können es nicht ab, wenn uns jemand hetzt.

Ist der andere einmal verletzt,

wird er schnell in eine bessere Lage versetzt.

Wir müssen nur unseren Gefühlen trauen,

dann wird das alles schon hinhauen.

Dann läuft der Plan.

Mal mehr, mal weniger.

Entscheidend ist,

wir kommen am Ziel an.

Erstmal liebe ich mich

Schließ mich fest in dein Herz hinein.

Mehr brauch ich nicht, um glücklich zu sein.

Lass mich nicht los.

Ich verlasse nie wieder Deinen Schoß.

Mit Dir fühle ich mich endlich groß.

Wenn ich Dich brauche, bist Du da für mich.

Doch egal, wie riesig meine Liebe ist,

ich mache mich davon nicht mehr abhängig.

Denn was bringt mir Deine Liebe,

wenn ich mich selbst hasse?

Wenn ich mich selbst immer so schnell loslasse,

und dann sofort wieder verblasse.

Erst muss ich Selbstliebe lernen.

Muss mich erst einmal von Dir entfernen.

Wann ich mich gefunden habe, steht noch in den Sternen.

Doch ganz so lang dauert es wahrscheinlich nicht mehr.

Früher fühlte ich mich immer so leer.

Das verwirrte mich sehr.

Ich fragte mich, wo mein Fehler lag.

Dann kam der Tag.

An diesem Tag habe ich Dich gefunden

und das leere Gefühl war kurz verschwunden.

Doch immer wenn Du gegangen bist,

habe ich nicht nur Dich vermisst,

sondern auch mich.

Warst Du bei mir, habe ich nicht gemerkt, dass ich fehle.

Wo war ich plötzlich?

Wer war ich?

Das musste ich erst noch herausfinden.

Dazu musste ich mich überwinden.

Die einzige Quelle an Geborgenheit,

musste ich verlassen.

Der Schmerz war unerträglich,

und ich suhlte mich wiederholt in der Einsamkeit.

Ich wollte es nicht fassen.

Dann machte es Klick.

Aus Einsamkeit machte ich Freiheit.

Aus Körper, Geist und Seele entstand eine Einheit.

Aus Selbsthass machte ich Selbstliebe.

Auf diesem Weg fand ich mich.

Endlich.

Endlich nicht mehr von anderen abhängig.

Das heißt nicht, dass ich Liebe von anderen nicht brauche.

Ganz im Gegenteil.

Ich freue mich auf Amors Pfeil.

Doch jetzt komme ich auch mit mir klar, selbst wenn ich mal alleine bin.

Jetzt kann ich endlich die Liebe zurückgeben, die mir andere entgegenbringen.

Jetzt muss ich mich nicht mehr zwingen,

zu sagen „Ich liebe Dich" oder „Ich hab Dich lieb".

Ich bin froh, dass ich nicht im Käfig des Selbsthasses blieb.

Ich bin froh, dass ich entkommen bin.

Zwar bin ich aus dem Käfig gestolpert, aber es geht mir hier um den Sinn.

Der Sinn, sich selbst zu lieben,

nicht mehr in der Abhängigkeit zu liegen

und der Sinn,

mit heilen Flügeln, zu sich selbst zu fliegen.

Schließ mich fest in dein Herz hinein.

Mehr brauch ich nicht, um glücklich zu sein.

Lass mich nicht los.

Ich verlasse nie wieder Deinen Schoß.

Mit Dir fühle ich mich endlich groß.

Ich stehe vor dem Spiegel und wiederhole diese Worte.

Ich liebe mich.

Genauso liebe ich Dich.

Vorher war Liebe nur ein Schein.

Wo war meine Vernunft zu der Zeit geblieben?

Man kann niemanden aus vollem Herzen lieben,

ohne lieb zu sich selbst zu sein.

Jetzt bringt mich Liebe an die schönsten Orte.

Ich halte mich an mir fest

und lasse mich nicht mehr los.

Nichts kann mich mehr von mir trennen,

sei das Messer noch so groß.

Ich würde meine Hand halten und schnell mit mir davonrennen.

Um nichts in der Welt würde ich mich einfach wieder stehen

lassen

und mich selbst verlassen.

Ich will nicht mehr

v e r b l a s s e n.

Nicht aufhören zu lieben

Mit Dir will ich Liebe pflanzen.

Ich will nackt mit Dir tanzen,

Dich vollkommen auskosten.

Unsere Herzen werden niemals rosten.

Anfangs waren wir ziemlich verschlossen,

und jetzt so offen.

Wir können auf so viel Großes hoffen.

Jedes Problem wird bewältigt.

Das ist etwas, was mir viel Sicherheit gibt.

Sehe endlich mit Dir alle Farben.

Ich muss mich nicht mehr in Einsamkeit vergraben.

Ich muss mich nicht mehr fragen

„Warum immer ich?"

Schließlich habe ich jetzt Dich,

und Du hast mich.

Du kannst Dir sicher sein,

das hält ewig.

Ich lasse Dich niemals allein.

Um nichts in der Welt

zertrenne ich das Band, das uns selbst bei größter Entfernung
zusammenhält.

Ich bin nach deiner Stimme so süchtig wie nach meiner
Lieblingsmusik.

Du bist derjenige, von dem ich niemals genug krieg'.

Derjenige, in den ich mich jedes Mal auf's Neue verlieb'.

Unsere Liebe ist unser Sieg.

Nichts und niemand kann uns zerstören.

Es ist zu schön, deinen Herzschlag zu hören.

Lass uns zusammen eins werden.

Ich lasse unsere Liebe nicht sterben.

Wir müssen sie nicht verbergen,

aus Angst, jemand könne sie verderben.

Wir können unsere Liebe offen zeigen.

Sind nicht gezwungen zu schweigen.

Ich liebe Dich,

und das wird für immer so bleiben.

Ich bin da für Dich

Als ich Dich zum ersten Mal sah,

war mir klar,

dieser Mensch ist einfach wunderbar.

Doch mit Dir geredet habe ich zunächst kaum.

Gespräche mit Dir waren nur ein Traum,

den Du mir schon bald erfüllt hast.

Damit beseitigtest Du meine Last,

den ersten klitzekleinen Schritt zu machen.

Jetzt liebe ich es, mit Dir zu lachen.

Ich freue mich immer, von Dir zu hören.

Du könntest mich niemals stören,

niemals nerven.

Du darfst mich gerne mit deinen Nachrichten bewerfen.

Ich werde sie aufsaugen wie ein Schwamm.

Ich werde vernünftig darauf antworten, wenn ich kann.

Manchmal werde ich zu viel schreiben.

Doch ich will Dich nicht stören, nicht nerven, Dich bloß nicht

von mir wegtreiben.

Dafür bist Du mir zu wichtig

und ich will nur bei Dir bleiben.

Ja, da liest Du richtig.

In meinem Herzen ist noch Platz.

Ich denke, Du verstehst diesen Satz.

Du gehörst da rein.

Das kann ich auch gerne in die Welt hinausschreien.

Vielleicht findest Du an diesem Platz Gefallen.

Ich erwarte auch nicht von Dir, Dich daran festzukrallen.

Du sollst nur wissen, mein Herz fragt ständig nach Dir

und vermisst Dich, bist Du nicht bei mir.

Das mag jetzt alles ziemlich kitschig klingen,

aber wie sonst soll ich meine Gefühle für Dich zum Ausdruck

bringen?

Leider kann ich nicht all deine Probleme in Luft auflösen,

und kann niemanden befreien vom Bösen,

aber ich kann deine Hand halten, wenn es schwer wird.

Ich habe ein offenes Ohr für Dich, wenn Dich etwas verwirrt.

Ich kann Dir zu manchen Dingen raten.

Aber manchmal muss man geduldig auf richtige Antworten

warten.

Ich kann Dich auf deinem Weg unterstützen

und hoffen, es wird Dir etwas nützen.

Kann ich das alles so schreiben?

Ohne das Gefühl zu haben, es zu übertreiben?

Kann ich das alles genau so sagen?

Kann ich es wirklich wagen,

Dich etwas zu fragen?

Darf ich Dich im Mittelpunkt meines Herzens tragen?

An guten, an wunderschönen, an nicht ganz so guten oder

sogar miserablen Tagen?

L(i)ebe Dich selbst

(ein Gedicht für Azra, eine gute Freundin)

Dürfen wir das jetzt eigentlich mal lassen?

Dieser ständige Versuch, uns, komme was wolle, anzupassen.

Weil wir uns ja so sehr hassen.

Und niemand kann es fassen,

wenn wir noch wir selbst sind,

wenn wir noch Kind sind.

Es muss ja alles so ideal sein.

So perfekt.

Aber dieses Idealbild stellt uns ein Bein.

Wird Zeit, dass es endlich verreckt.

Denn wir rasen damit direkt in den Selbsthass hinein.

Wir sehen nicht mehr, dass es in Ordnung ist, anders zu sein.

Den meisten von uns liegt doch eher dieses Viereck sein mit

Ecken und Kanten und Kanten und Ecken,

die nun mal in uns stecken.

Wieso erwarten von uns dann alle diesen makellosen runden

Kreis

und eine Seele aus Eis?

Und wenn wir schonmal dabei sind:

Gibt es für dieses Anpassen einen Preis?

Ist es Beliebtheit?

Und weg von der Einsamkeit?

Ist es Freiheit?

Nein, das wird nicht passieren.

Der Preis ist nämlich, sich selbst zu verlieren.

Bevor uns die Einsamkeit verschlingen kann,

fangen wir doch lieber mit dem Anpassen an.

Oder lassen lieber niemanden mehr an uns heran.

Bevor wir noch verletzt werden,

ziehen wir uns lieber in das altbekannte Zimmer zurück.

Verstecken uns im Schrank.

Und werden mental krank.

Verwesen innerlich Stück für Stück.

Wo bleibt dieses Glück?

An alle, die das kranke Idealbild in der Hand haben, geht hier

mein Dank.

An alle, die sich gegen Farben aussprechen.

Wegen euch sind Menschen innerlich am Zerbrechen.

Wir fangen an, uns zu fragen,

Gibt es einen Weg, auf dem ich ich sein kann, ohne Verstoßen zu werden?

Einen Ort hier irgendwo auf Erden?

An dem ich so akzeptiert werde, wie ich bin?

Oder muss ich noch länger Leid ertragen?

Dieses einsame Leben macht doch einfach keinen Sinn.

Die Antwort ist Zeit.

Irgendwann sind wir für die richtigen Personen bereit.

Und glaub mir: Die nehmen uns genauso wie wir sind.

Einfach abwarten.

Geduldig sein. Nur Durchhalten.

Liebe und Freundschaften werden schon noch starten.

Echte Liebe. Echte Freundschaft.

Das ist die Quelle jeder seelischen Kraft.

Wir lassen es an uns heran,

denn dann sind wir auch mal mit dem Leben dran.

Mit unseren Liebsten können wir lernen, wie wir uns für unser Ich nicht mehr schämen müssen.

Dass wir vollkommen in Ordnung sind.

Dass uns Einsamkeit nicht weiterhin auffrisst.

Dass alle Menschen, die uns missachten, selbst große Probleme mit sich selbst haben.

Und mit all diesen bunten Farben.

Wir werden lernen, dass wir niemals das Problem waren,

niemals sein werden.

Nicht sind.

Wir dürfen endlich frei von jeglichen gesellschaftlichen

Vorschriften sein.

Es heißt jetzt nur: Ja, ich kann mich ausleben, denn mit meinem

Verhalten schränke ich niemanden ein.

Solange wir uns daranhalten,

müssen wir uns für nichts mehr schämen.

Denn wir leben einfach nur,

genauso wie wir leben möchten.

Mit den Menschen, die uns erfreuen.

Mit den Menschen, die deine Bekanntschaft nicht eine Sekunde

bereuen.

Sie werden an unserer Seite stehen,

die Wege mit uns gehen,

und dabei werden wir sehen,

wie wunderschön diese Welt ohne all diese Einschränkungen

sein kann.

Lass nur bitte nicht diese Negativität an Dich heran.

Diese hat schon zu viele gute Menschen verdorben.

Bitte kämpfe für ein besseres Morgen.

Wahrscheinlich geht das nicht ohne Sorgen,

aber bleib Dir wegen dieser Sorgen nicht selbst verborgen.

Du

Du bist mit mir Durch die Hölle gegangen.

Du hast mich in deinen Armen gefangen.

Du musstest Anfälle und Zusammenbrüche miterleben.

Ständig hat es mit meiner Seele Probleme gegeben.

Negativität hat mich mitgenommen.

Von Dir habe ich Liebe bekommen.

Du hast mich nach jedem Hinfallen wieder aufgehoben.

Du hast die Reste von mir zusammengeflickt.

Du hast mich niemals belogen.

Du hast meine inneren Teile an den richtigen Platz verschoben.

Du hast mir deine ehrliche Meinung gesagt.

Du hast mein Ich niemals weggeschickt.

Du hast mir gezeigt, was Liebe ist.

Du hast mir gezeigt, wie glücklich Du mit mir bist.

Du konntest mit mir lachen und weinen.

Meine Bitten wolltest Du nicht ablehnen, nicht verneinen.

Du sehntest Dich nach mir, ich mich nach Dir.

Oft spürte ich Gier.

Gier nach Dir.

Nur jetzt nicht mehr.

Aber wo kommt das her?

Jedes Mal, wenn Du statt in meine Augen in dein Handy guckst.

Jedes Mal, wenn Du nach meinen Entgegnungen unbeteiligt mit den Schultern zuckst.

Oder doch nur ein unbedeutendes Wort von Dir gibst.

Jedes Mal, wenn Du billige Ausreden erfindest.

Einfach aufstehst und verschwindest.

Ohne vorher ein Wort gesagt zu haben.

Jedes Mal, wenn Du bei Fragen

oder Aussagen

den Klugscheißer spielst

und damit genau das Gegenteil erzielst.

Denn niemand bewundert dieses Besser-Wissen.

Ich werd's nicht vermissen.

Jedes Mal, wenn ich merke, dass wir nicht miteinander kommunizieren können, uns nichts zu sagen haben,

wir immer nur dalagen,

ganz ohne etwas zu sagen.

Dazu will ich Dich etwas fragen:

Hat deine Seele überhaupt gesprochen?

Oder war es bloß immer nur dein Verstand?

Und hast Du die Sprache meiner Seele erkannt?

Jedes Mal, wenn Du bei einer einfachen Diskussion lauter wirst,

Dich in deinen Worten verirrst,

Du auf einmal eine andere Person bist,

die mir so fremd ist,

so ungeheuer.

Was ist Liebe denn dann für ein Abenteuer?

Ich wäre gern dein bester Freund gewesen,

hätte deine Seele wie ein Buch gelesen.

Vielleicht sogar verschlungen.

Aber weder Freundschaft noch Liebe klappt erzwungen.

Ja, wir hatten eine wunderschöne Zeit,

aber ich bin jetzt zum Loslassen bereit.

Und das tut mir unendlich leid,

weil Du eine so tolle Person bist.

Ich hoffe, dass Du es gut verkraftest und mich nicht vermisst.

Ich hoffe, dass Du jemanden findest, der Dich unendlich liebt.

Ich hoffe, dass es jemanden gibt,

der Dich auf Händen trägt,

denn dafür ist es noch lange nicht zu spät.

Ich bin Dir dankbar für alles, was Du mir gegeben hast.

Ohne Dich hätte ich einiges verpasst.

Ich schätze alles, was wir gemeinsam erlebt haben.

Aber ich muss diesen Schritt jetzt wagen.

Denn leider fühlt es sich nicht mehr richtig an.

Das ist die Möglichkeit für einen Neuanfang.

Bitte mach das Beste draus.

Sonst halte ich den Gedanken nicht aus,

jemanden verletzt zu haben.

Wahrscheinlich wirst Du Dich fragen,

was meine Entscheidung begründet.

Ehrlich gesagt,

hat mir das mein Bauchgefühl schon oft verkündet.

Darauf muss ich jetzt hören.

Ich hoffe, es wird Dich nicht stören.

Natürlich würde ich gerne zu Dir gehören,

aber wir sind wie zwei Puzzleteile, die nicht zusammenpassen.

Also werde ich es nun lassen,

es zu erzwingen.

Denn wie gesagt, kann Liebe nicht durch Zwang gelingen.

When I'm gonna see you

When I'm gonna see you

I will smile

I will laugh

and I will cry

out of pure happiness.

I will look up to the sky

and I will say

thank you for destroying my loneliness.

And I will ask you to stay.

To stay forever.

Because I will never

want to feel the pain of being lonely ever,

ever again.

I will hug you so tight that you can't even breathe no more.

Because you made me feel something phenomenal in the depth of my core.

Lass uns fliegen

Ich kann die Freude in jedem Molekül meines Körpers spüren.

Ich kann mit bloßem Auge erkennen, wie sich unsere Herzen

berühren.

Was mache ich nun mit diesem Berg an Gefühlen?

Wie soll ich mit so viel Liebe umgehen und keine Angst haben,

dass sie so schnell wieder entflieht?

Ich würde gerne, dass dieser Gedanke nicht durch meinen Kopf

zieht.

Denn noch nie hat mich jemand so geborgen fühlen lassen.

Noch nie hat mich jemand so sehr geliebt.

Dieses Gefühl will ich niemals mehr verpassen.

Lass mich einfach mit deiner Seele tanzen.

Lass uns gemeinsam Glück pflanzen.

Ich will alles mit Dir erleben. Ich will mit Dir leben.

Ich will Dir alles geben.

Alles geben, was ich geben kann.

Ein Leben lang.

Das hier ist erst der Anfang.

Sei bereit, intensiv geliebt zu werden.

Denn ich werde nicht eine Sekunde meine Gefühle für Dich

verbergen.

Ich weiß es. Ich bin mir so sicher. Unsere Liebe kann nicht

sterben.

Sie wird hell erleuchtet werden.

Sei Dir sicher, dass ich Dich nicht fallen lassen kann.

Du fühlst Dich richtig an.

Du fühlst Dich richtig gut an.

Ich halte Dich fest im Arm, lass Dich nicht mehr los.

Kein Messer kann das Band zwischen uns trennen,

sei es noch so groß.

Lass uns nicht ziellos durch die Gegend rennen.

Lass uns durch die Lüfte fliegen, die sich Liebe nennen.

Ist Dir bewusst, wie glücklich Du mich machst?

Du bist wunderschön.

Du bist wunderschön, wenn Du lachst.

Hör niemals damit auf.

Hör niemals damit auf, mich zu lieben.

Denn auch ich werde niemals damit aufhören.

Niemand kann jemals unsere Liebe zerstören.

Ich bin süchtig nach Dir.

Ich bin auf Entzug, bist Du nicht bei mir.

Deine Liebe schmeckt besser als mein Lieblingsessen.

Ich will sie vollkommen auskosten.

Man könnte schon meinen, ich wäre besessen.

Doch das bin ich nicht.

Ich bin verliebt,

schwebe 3.000 Meter über dem Erdboden,

und glaube,

dass es nichts Besseres gibt.

Das Kribbeln

Du bist das Kribbeln in meinem Herzen,

sind wir zusammen, vergehen alle innerlichen Schmerzen.

Mit Dir geht es mir so unglaublich gut.

Ich spüre deine Liebe,

mächtig fließend durch mein Blut.

Und dann ist es, als ob ich fliege,

wenn ich einfach nur neben Dir liege.

Ich fliege noch höher, wenn sich unsere Lippen berühren.

Kannst Du das auch spüren?

Ich merke ein unbeschreibliches Kribbeln in mir.

So gerne fliege ich mit Dir.

Wenn Du mal nicht da bist,

wirst Du schrecklich von mir vermisst.

Ein Gedanke an Dich,

mein Herz fängt Feuer.

Das klingt vielleicht ungeheuer,

aber diese Wärme, die Du in mir auslöst, ist ein wunderbares

Gefühl.

Bevor ich Dich gefunden habe, war alles noch so kühl.

Ja, oft sogar eiskalt.

Dann kamst Du und gabst mir Halt.

Du bautest mir ein warmes Nest,

hältst mich darin immer fest.

Du guckst mir in die Augen.

Ich schaue in deine.

Ich bin am Staunen,

und bekomme in diesem Moment weiche Beine.

Es ist, als könnte ich Deine Liebe vollkommen aufsaugen.

Und ganz genau genommen,

kann ich davon niemals genug bekommen.

ESSSTÖRUNG

Wer nicht isst, wird gegessen

Mit diesem Zwang,

fing mein Problem an.

Mit diesem Drang,

alles zu kontrollieren,

immer mehr Gewicht zu verlieren,

Ballast abzuschütteln,

mit allen möglichen Mitteln.

Ich habe tagelang Hunger verspürt,

kein Essen angerührt,

und dann wieder viel zu viel Nahrung zugeführt.

Ich wollte nichts mehr essen,

fühlte mich sonst so verfressen.

Ich wollte Nahrung ganz vergessen,

bis zum Erbrechen Sport treiben,

und am Ende ohne Körperfett verbleiben.

Ich habe lange gefastet,

es hat mich gewaltig belastet.

Ich habe exzessiv Sport getrieben.

Ich musste mich in die Erschöpfung verlieben.

Wo ist nur meine Vernunft geblieben?

Ich musste mich jeden Tag wiegen.

Ich habe Maße und Gewicht ständig aufgeschrieben.

Ich hatte keinen Spaß am Essen mehr,

lieber war mein Magen leer.

Ich hatte große Angst vorm Essen.

Ich konnte das Thema nicht einmal vergessen.

Gleichzeitig hatte ich auch so eine große Ess-Lust.

Die Gewichtszunahme war mein größter Frust.

Ich wusste, dass ich hungern werde

bis ich endlich perfekt sterbe.

Ich habe täglich Kalorien gezählt,

und nur noch die gesündesten Nahrungsmittel gewählt.

Niemandem von dem Problem erzählt.

Mich allein damit herumgequält.

Ich habe meine Fitnessuhr getragen.

Die Welt bestand nur noch aus Zahlen.

Dann fing ich mich an zu fragen,

welchen Sinn macht dieser knurrende Magen?

Wozu muss ich so viel Leid ertragen?

Dazu kann ich nur sagen,

dass der Sinn die Kontrolle ist,

die mich nun nach und nach auffrisst.

Denn wer selbst nichts isst,

der wird gegessen.

Das darf man nicht vergessen.

Also hol jetzt schnell den Teufel aus meinem Gehirn heraus,

denn ich halte die Selbstzerstörung nicht mehr aus.

Wunsch nach Veränderung

So langsam macht es ganz laut *Klick*
Ich mach den Scheiß nicht mehr mit.
Nun gehe ich den entscheidenden Schritt.
Ich fange endlich an, meinen Körper mit Nahrung zu versorgen.
Ich verschiebe das nicht weiterhin auf morgen.
Ich werde nicht mehr nur zusehen.
Lasse meinen Körper nicht weiter zu Grunde gehen.
Ich beginne, die Bedürfnisse meines Körpers zu verstehen.

Ich fange an zu sehen,
dass ein Leben neben der Essstörung existiert,
dass das Monster in meinem Kopf endlich verliert,
welches sich so gerne auf mein Leiden konzentriert.

Ich werde das nicht länger zulassen.
Soll mich das Monster doch hassen.
Ich will mein Leben nicht mehr verpassen.
Ich will sehen, was es zu bieten hat.
Also findet jetzt Heilung statt.
Durch das Monster wird sie mir zwar erschwert,
aber das Leben ist es mir wert,
jetzt zu kämpfen,
unstillbaren Hunger zu dämpfen.

Hunger.

Nicht nur auf Nahrung, auch auf Leben.
In meinem Kopf wird es Frieden geben.
Ich werde niemals wieder nach Selbstzerstörung streben.

Ja, ich darf auf meinen Körper hören,
lasse mich nicht von der Krankheit stören.
Die Gesundheit wird mir gehören
und ich werde sie genießen.
Ich werde die Blumen der Heilung täglich gießen.

Ich werde die Krankheit loslassen.
Aufhören, mich zu hassen.
In diesem Kampf werde ich mein Bestes geben,
ich bin bereit für ein gesundes Leben.

Recovery

Mein Körper will nicht aufhören.

Will nicht aufhören zu essen.

Und ich will nicht aufhören,

ihn zu zerstören.

Da ist zu viel Selbsthass,

den ich einfach nicht loslass',

weil ich schon lange nicht mehr in meine Mager-Kleidung

reinpass'.

Ich würde gerne in die Bulimie zurück

doch sie hat mich zerstört, Stück für Stück.

Vielleicht ist jetzt die Zeit für etwas Glück.

Ich frage mich

„Habe ich mir das bei *diesem* Körper überhaupt verdient?"

Bei *diesem* Körper, der nun so viel mehr wiegt.

Sollte ich nicht lieber wieder mit dem Hungern anfangen?

Um dann wieder um mein Leben zu bangen?

Ich habe keine Lust mehr auf dieses unbändige Verlangen.

Das starke Verlangen nach Nahrung.

Vielleicht scheiß' ich jetzt einfach auf die Heilung.

Ich darf gerne wieder krank sein.

Ich darf mich wieder vom Körperfett befrein'.

Ein Leben ohne Essstörung kann ich mir nicht vorstellen.

Jedoch will ich meine Persönlichkeit für die Essstörung nicht verstellen.

Zwischen Leben und Essstörung kann ich mich nicht entscheiden.

Doch mir ist klar,

wenn ich mich für die Bulimie entscheide,

entscheide ich mich gegen mein Leben

und muss bis an mein Lebensende leiden.

Will ich DAS wirklich ein Leben lang?

Ist es möglich, dass ich die Essstörung vollständig loslassen kann?

GESELLSCHAFTS-KRITIK

Widersprüchliche Gesellschaft

Du sollst ganz spontan

dein Leben durchplanen.

Du sollst Dich ganz entspannt dem Stress hingeben.

Du sollst bescheiden deine Gier ausleben.

Nach dem größten Erfolg streben.

Den abscheulichsten Menschen vergeben.

All dem Druck standhalten.

Dein Ich umgestalten.

Aber genauso bleiben wie Du bist.

Immer Ruhe ausstrahlen wie ein Buddhist.

Immer ernst bleiben.

Keine Gefühle zeigen.

Langwierige Aufgaben in 5 Minuten perfekt meistern.

Dich für alles begeistern.

Wie eine Maschine arbeiten.

Gleichzeitig all deine Menschlichkeit ausbreiten.

Sollst dein hart verdientes Geld

Sofort schmeißen in die Welt.

Sollst gleichzeitig ganz viel sparen.

Lauter Termine vereinbaren

und nebenbei noch für alles Zeit haben.

Deine Freunde nicht vergessen.

Aber arbeiten wie besessen.

Darfst nicht versagen.

Es nicht einmal wagen.

Natürlich bist Du mit allem total zufrieden.

Weshalb sonst würdest Du den Berg an Aufgaben ständig verschieben?

Das ist doch alles ganz angenehm,

am Druck kaputt zu gehen.

Angenehm, sein Inneres verwesen zu sehen.

Und dabei weiterhin alles zu geben.

Während sie Dir Freiheit einreden

sollst Du Dich mit ihren Fesseln zufriedengeben.

Kennst die Welt ohne Stress und Zeitdruck nicht mehr

Der letzte Genuss, das letzte Vergnügen ist schon zu lang her.

Aber das macht Dir ja nichts aus,

verlässt mit Freude um 5 Uhr dein Haus,

einfach nur um für irgendjemanden arbeiten zu gehen.

Währenddessen siehst Du dein richtiges Leben an Dir vorbeiwehen.

Das bist Du ja schließlich alles schon gewohnt,

dass Dich nichts und niemand mehr verschont.

Aber wenn Du jetzt mal ehrlich mit Dir selbst bist,

weißt Du,

dieses ganze System ist einfach nur großer Mist.

Es hat zu viel Macht.

Daher sollten wir mit aller Kraft

und gut durchdacht

uns endlich zusammen erheben.

Nur so kann es Frieden geben.

Lasst uns nach diesem Ziel streben,

und anfangen zu leben.

Ein bisschen Besserung

Die Welt, so wie sie ist,

ist ziemlicher Mist.

Düster und kalt.

Die Menschen geben sich keinen Halt.

Ich gehe raus

aus meinem kleinen Haus.

Sehe fiese Gesichter

und graue Gebäude ohne Lichter.

Höre vom Elend hier und dort.

Wie schön wäre ein friedlicher Ort?

Sehe Leute mit Nadeln in den Armen.

Ich fange an, mich zu fragen,

ob tot oder am Leben.

Ich will nur nach einer Welt streben,

in der die Menschen statt zu nehmen, mehr geben.

Statt zu töten, mehr leben.

Statt zu ignorieren, mehr raffen.

Statt zu ruinieren, mehr erschaffen.

Statt zu hassen, mehr lieben.

Statt zu fallen, mehr fliegen.

Statt immer mehr zu wollen, zufrieden sein.

Sonst stellen wir uns selbst nur ein Bein.

Besser gemeinsam, als allein.

Besser aufbauen, als zerstören.

Kann mir bitte jemand zuhören?

Ich möchte das alles nicht umsonst sagen.

Uns soll die kalte Welt nicht noch länger plagen.

Wir brauchen Verbesserung.

Gute Veränderung.

Und diese nicht nur im Hintergrund.

Wir müssen daran denken,

uns eine wunderbare Zukunft zu schenken.

Müssen uns von der Ignoranz weglenken.

Hin zur Empathie.

Und davon bitte so viel wie noch nie.

Die Vernunft ist nun immer griffbereit.

Jetzt geht es noch um das Nutzen unserer Zeit.

Jetzt müssen wir anfangen, nicht morgen.

Sonst bleibt uns der Frieden länger verborgen.

Wir dürfen nicht warten.

Einer muss starten.

Aus der Reihe tanzen

Kann mich ruhig blamieren.
Muss ja niemandem imponieren,
muss mich keinen Menschen anpassen,
die mich sowieso hassen.
Aber es wäre schöner, würden sie es lassen.

Kann es kaum fassen,
wie es aussieht, das Idealbild.
Sich dieses Muster anzueignen,
darum werden viele wild.
Doch sie sind es, die am lautesten schrein',
man solle immer man selbst sein.

Sie sind es, die ihre Regeln nicht einhalten.
Sie müssten doch nur ihren Kopf einschalten.
Stattdessen bleiben sie lieber beim Alten.
Können nichts als die Norm akzeptieren.
Können nichts mit Farbe verzieren.
Bloß nicht ihre Form verlieren.

Sie werden diejenigen einschüchtern,

die nicht in die ideale Form passen

und lassen dabei alles Bunte verblassen.

Wie kann man so ein eingeschränktes Bild nicht hassen?

Können wir die Menschen nicht einfach aus der Reihe tanzen

lassen?

Wir müssen niemanden normen.

Wir müssen niemanden umformen.

Solange sie niemandem Schaden zufügen,

lass ich ihnen einfach ihr Vergnügen.

Time to change

This isn't the time to be quiet.

This is the time for a huge riot.

Time to show that black lives matter.

Time for our society to change for the better.

Time to end racism once and for all.

We can't argument with "it's been always like that".

People are getting mistreated just because they are black.

On social media we see all the videos about police brutality.

Attack after attack.

This is the time to change peoples' mentality.

Time for equality.

We will protest.

Peacefully.

We will give our best

to fight for a better world

where nobody is getting hurt.

Being colorful should never be a punishment.

But why are people so violent?

Is there a reasonable answer?

It's because they are heartless and ignorant.

That's why it's important

to open not only their eyes but also their hearts.

To be loud

and shout the truth out.

What they lack is empathy.

But they could learn and live it without difficulty.

They have to W A N T it.

We have to H E L P them with it.

But if they stay ignorant,

they deserve their punishment.

If we keep fighting

If we keep educating

If we keep sticking together

It will get better.

It's 2020

Our world should finally be racism-free.

This will be the time we celebrate.

There is no more room for hate.

I thought it should be clear by now.

But for some people it isn't.

Could somebody tell me

h o w ?

TRAUMA UND
SEELISCHER SCHMERZ

Allein

Es tut weh.

Es tut weh, dass Du mir das Gefühl gibst, dass ich im Weg steh'.

Ich dachte, es wäre schön, wenn ich in deinem Herzen bin,

aber es macht keinen Sinn.

Du sagst mir „Was kriegst Du als Kind schon hin?"

So oft muss ich Dir beweisen, was ich kann,

aber bei Dir kommt nichts an.

Du bist mit deinem Leben so unzufrieden,

Dir gelingt es nicht einmal richtig zu lieben.

Ja, mir ist klar, ich soll deine Arbeit schätzen,

aber selbst die härteste Arbeit wird niemals Liebe ersetzen.

Wo bleibt die Geborgenheit?

Die bleibt verborgen, wenn jemand schreit.

Also gibt es statt Wärme

Einsamkeit.

Es heißt immer nur, ich solle nicht weinen, sonst hilfst Du mir

nicht.

Anstatt zu trösten, rastest Du aus.

Bei Dir fühle ich mich nicht wie zuhaus'.

Ja,

manchmal hast Du mir das Gefühl gegeben,

Du würdest mich verstehen.

Da dachte ich, ich hätte einen tollen Vater, der mitfühlend und

lieb sein kann.

Doch dann sagst Du wieder Dinge wie

„Man weint nicht als richtiger Mann!"

Weißt Du was?

Mir ist es egal.

Du kannst mich mal.

Ich habe nicht einmal das Recht, mich zu beschweren.

Ich mache es dennoch.

Du warst immer dabei, mir und meinem Bruder das Leben zu

erschweren.

Anstatt ihn aufzubauen,

hast Du unüberlegt und herzlos draufgehauen.

Er hat noch viel mehr Schaden von deinem Verhalten getragen.

Dass er davon krank geworden ist, weißt Du nicht erst seit ein

paar Tagen.

Also sag mir,

wie kannst Du diese Gedanken als Vater ertragen,

ohne ein schlechtes Gewissen zu haben?

Bevor Du noch mehr Scherben verursachst,

bevor Du noch mehr zerstörst,

will ich, dass Du mir gut zuhörst.

Nur unzufriedene Menschen wollen andere unzufrieden sehen.

Bevor Du mich unzufrieden siehst, werde ich gehen.

Ich werde nicht davonrennen,

nein, nur alle Erinnerungen in meinem Kopf verbrennen.

Ich werde bald zu Hause sein.

Du dagegen endest

a l l e i n.

The last thing

When I cry

you surely know why.

So don't look up to the sky

as if you wouldn't care.

If you just could listen to the words I have to share,

I would feel so much better.

And if you don't want to listen,

I will write you a letter

with all the things that you should know.

But I don't know if you know them already.

Through all these years, your love was so unsteady.

You made me feel insecure,

because I really wasn't sure,

if you care about your children.

Yes, you give us food, a house to live in and clothes.

But could you please tell me where the love was?

You broke our hearts like glass.

And I am supposed to feel loved?

Why are you always laughing when I ask you to help me?

You tell me that I'm small and that I don't know how life works.

Oh, I see.

It's because of the "boss" you try to be.

You feel so strong,

putting down people,

who try their best going through hell.

Your hell.

But just go on.

I tell you what you really are.

You are pathetic.

Pathetic, because you made so many people cry.

You. Just. Don't. Care.

Could you at least try?

Try to be a nicer person?

Or is it, again, too much to ask for?

I know, it is.

So let me close the door,

which leads to you.

Let me say goodbye.

This will be the last thing from me you'll hear.

This will be the last year.

The last year of being in fear.

In fear of you.

You used her.

Could you finally stop treating her like that?

It's something I just don't get.

Do you really think she is your slave?

Do you really don't know how to behave?

Do you really don't know how to love?

Don't you dare

touching her,

even with the thickest glove.

In the past you hurt her so much.

Yes, I am here to judge.

Nobody else would do it

because you wouldn't admit

what you did.

And nobody else would see your toxic behavior even a little bit.

How could you extort the women you claim to love?

This is also not the whole truth.

For me this was one of the horrible parts of my youth,

when you told her so often that you hate her.

As a child, I already knew that you used her against her will.

I started feeling ill.

Ill, thinking about that this wasn't love how it's supposed to be.

Understanding each other's limits is the key.

You didn't understand.

No.

What you said was a demand.

You demanded out of greed.

This is hurting deep.

Even when I sleep, I have nightmares about you using my mother.

Someone who also knows about this is my brother.

Why do I even bother,

telling you all that stuff?

I don't really think you will see your mistake.

But now it's enough.

Deep down in my soul I feel that extremely uncomfortable ache.

It is called trauma

and it should better not expand.

In this story there is no more comma,

but the last full stop.

This story finally has to end.

Bereit für einen Neuanfang

Mein Zuhause konnte ich noch nie mit voller Überzeugung
„mein Zuhause" nennen.
Meistens wollte ich lieber wegrennen.

Was will man in einer Familie,
ohne dort Geborgenheit und Wärme zu finden?
Wieso sollte man sich an Streit und Hass binden?

Ich kann doch auch weglaufen.
Vielleicht sogar im tiefen Wasser ersaufen.
Die Familie ganz verlassen,
damit diese ganzen schrecklichen Erinnerungen verblassen.
Ich kann und will meine Familie nicht hassen.
Vom Hass bin ich kein Freund.
Nur das Flüchten habe ich mir schon lange erträumt.
In meiner Jugend habe ich genau diese Chance versäumt.
Doch jetzt habe ich glücklicherweise keine andere Wahl.
Um an mein Ziel zu kommen, muss ich hier raus.
Raus aus diesem hasserfüllten Haus.
Raus aus dieser kleinen erbärmlichen Stadt.
Ich hab's so satt.

Den ganzen Schmerz lass ich jetzt los.

In den letzten Jahren war dieser nämlich so groß,

dass meine Seele daran zerbrach.

Wenn ich weg bin, flicke ich sie wieder zusammen.

Ich bin bereit, neu und gesund anzufangen.

Mit der richtigen Person

wird das schon.

Er hat das Herz, das mich wärmt.

Er gibt mir Geborgenheit, die ich bei meinen Eltern nicht

bekam.

Ich bin erwachsen, schaut mich an.

Bald schon komme ich ganz ohne euch klar.

Mir ist bewusst, dass nicht alles in der Vergangenheit schlecht

war,

aber es war nie gut genug,

um seelisch gesund zu sein.

MENTALE
GESUNDHEIT

Der Tank ist leer

Der Tank ist leer.

Er gibt keine Energie mehr her.

Ich kann nicht mehr.

Weiterfahren wird mir nun zu schwer.

Schnell muss eine Lösung her,

bevor ich hier noch untergeh',

und nicht mehr ganz im Leben steh.

Schon zu lange tut meine Seele weh.

Der Moment, in dem ich den Sinn im Leben nicht mehr seh,

dieser ist nun gekommen.

Hat mich voll und ganz mitgenommen.

Hat mein Leben gewonnen,

welches ich nun nicht mehr habe.

Ständig stell ich mir mehr als nur eine Frage:

Wo liegt meine Gabe?

Wo liegt mein Sinn?

Kann doch nicht sein, dass ich Nichts bin.

Wo führt mein Weg hin?

Gehe nicht einmal einen richtigen Weg.

Gerade steht alles schräg.

Warte nur darauf, bis alles in mir geht.

Bin jedoch ins schwarze Loch gefallen.

Woran kann ich mich jetzt noch festkrallen?

Muss jetzt nur noch meine Fäuste ballen,

Mich Durchs schwarze Loch schlagen

und mir sagen:

Wie konntest Du es wagen,

dein Leben derart wegzuschmeißen?

Dein Ich in tausend Stücke zu zerreißen?

Fang an, Dich Durchzubeißen!

Fang an, Dir zu vergeben!

Und bitte fang an,

zu leben!

Kranke Seele

All diese Sorgen.

Denkst nur an morgen.

Die Gegenwart bleibt dir verborgen.

Bist innerlich schon gestorben.

Du willst mit all deinen Mitteln

deine ganze Leistung aus Dir schütteln,

bis du nicht mehr kannst,

du schon deinen Tod planst.

Du betest immer stärker.

Die Situation wird härter.

Du willst es allen recht machen,

die dich nicht einmal beachten.

Du brichst unter Tränen zusammen,

lässt Hass aufflammen.

Wirst schnell wieder taub.

Bereit für einen Seelenurlaub.

Du möchtest unbedingt wieder leben,

deinem Leben Sinn geben.

Dieser erschließt sich nicht.

Gehst nun lieber ins Licht.

Du suchst nach deinem gesunden Ich.

Findest es nicht.

So ist das eben.

Das Leben eines Depressiven.

So muss Stress sein

Ich will mich nur noch ausruhen.

Will den ganzen Tag nichts tun,

mich nicht mehr zwingen.

Aber das wird mir nicht gelingen.

Ich setze mich nämlich zu sehr unter Druck.

Gebe mir an der Klippe immer selbst den letzten Ruck.

Ich falle in die Schlucht hinein.

So muss Stress sein.

Stress, der mich packt und zu Boden zieht.

Stress, der meine Gefühle übersieht.

Stress, der all meine Kräfte raubt.

Stress, der mir meine Psyche versaut.

Stress, der meine Zukunft verbaut.

Stress, der meine Lust am Leben nimmt.

Stress, der gegen mich gewinnt.

Stress, der mich zerstört.

Stress, der in unserer Gesellschaft dazugehört.

Stress, der Nervenzusammenbrüche auslöst

und mich am Ende von der Klippe stößt.

13 Jahre Hölle

Ich höre mich schrein'

"In meinen Kopf passt nichts mehr rein!"

Es tut schon weh.

Dauert nicht mehr lang bis ich die Bücher hinschmeiße und

geh'.   .

Mein Kopf ist überfüllt.

Besser gesagt zugemüllt.

Aber das darf alles nicht weggeschmissen werden.

Ist ja schließlich alles klausurrelevant.

Wenn das so weitergeht, fahr ich mich gegen 'ne Wand.

Alle sagen, das wäre zu brutal.

Vielleicht leg ich lieber erstmal den Stift aus der Hand.

Ich gönne mir eine Pause.

Ich gehe früher nach Hause.

Die Fehlzeiten häufen sich.

Aber was soll ich machen?

Zur Schule schaff ich's nicht.

Sie erdrückt mich.

Innerlich.

Auch körperlich geht's mir dreckig.

Ständig müde und erschöpft.

Noch mehr Fehlzeiten.

Bald werde ich geköpft.

Ich komme nicht mehr zur Ruhe.

Ich finde keinen Schlaf.

Ich frage mich, ob ich mich überhaupt noch ausruhen darf.

Ich zähle die Tage wie im Gefängnis

und habe Schiss,

dass ich es nicht weiter schaffe,

mich schon bald nicht mehr zur Schule aufraffe,

weil ich nicht mehr kann.

Wenn ich mich mit einem Wort beschreiben müsste,

dann wäre es "ausgebrannt".

Meine Motivation ist davongerannt.

Hat mich ausgelacht

und sich dann vom Acker gemacht.

Und nun stehe ich blöd da.

Für alle anderen Schüler scheint alles so wunderbar.

Sie kriegen den ganzen Scheiß problemlos hin.

Aber ich ziehe aus dem Schulkram keinen Gewinn.

Nun fast 13 Jahre durchgequält.

Und ich dachte anfangs Spaß ist das, was beim Lernen zählt.

Wo ist der geblieben?

13 Jahre Zeitverschwendung.

13 Jahre Verblendung.

13 Jahre Stillsitzen.

13 Jahre vor Schulangst schwitzen.

13 Jahre Nervenzusammenbrüche.

13 Jahre höchste Ansprüche.

Tränen laufen auf meine Schulbücher.

Meine roten Augen kennen nur noch Taschentücher.

In der Schule heißt es dann innerlich "Bitte jetzt nicht weinen."

Manchmal geschafft. Manchmal nicht.

Mein Kopf will jede Aufgabe nur noch verneinen.

Meine Seele spricht:

"Es ist unerträglich"

Und ich sehe zu, wie sie schmerzvoll zusammenbricht.

Währenddessen schreibe ich dieses Gedicht.

Kotze den Schmerz aufs Papier.

Das Schlimmste wäre, wenn ich mich wieder selbst verlier'.

Also muss ich mich an mir selbst festhalten.

Die Hölle aushalten.

Nun dauert es länger als gedacht.

Doch nicht mehr allzu lange,

dann ist es bald geschafft.

Alone-time during a global pandemic

I feel tremendously stressed.

Isn't that the perfect time for some rest?

A final exam is just a test.

And I really don't want to be depressed.

So what does it take,

to just take a break?

I could bake a cake,

or draw a portrait.

What else could I do?

What about poetry?

Or some kind of love story?

Wouldn't that be a glory?

I could finally find out who I am.

Maybe a sensitive man

who loves to meditate

and fights against any kind of hate?

A man who believes in fate

instead of coincidence?

A man who will take any chance

to shut up and dance?

I will figure out

what my life is all about.

I will take this alone-time

to find myself.

And everything will be fine.

Dankbarkeit an schweren Tagen

Manchmal gehen Dinge schief
und plötzlich fällt man ganz schön tief.
Noch viel tiefer als gedacht.
Hat man überhaupt noch die Macht?
Die Macht, da raus zu kommen?
Wann ist der Kampf gewonnen?
Der Kampf gegen die Dinge, die ständig schieflaufen.
Es fühlt sich an, als würde man im Leid ersaufen.

Aber so ist das nicht.
Jetzt kommt die Vernunft, die spricht.
Es läuft nicht immer alles glatt
und oft hat man diesen ganzen Kram satt.
Aber jedes Leiden ist vergänglich,
das ist selbstverständlich.
Das Glück
kommt zum richtigen Zeitpunkt wieder zurück.
Es kann sein, dass das ein wenig länger dauert,
aber wenn man seinen Weg geht,
Stück für Stück

und Schritt für Schritt,

sieht man, dass die Freude schon hinter der nächsten Ecke

lauert.

Diese Freude kann alles Mögliche sein.

Ein gemütliches Beisammensein.

Eine Tanzstunde zur besten Musik.

Im Radio das Lieblingslied.

Ein angenehm warmer, sonniger Tag.

Liebe Worte von einer Person, die Dich mag.

Ein Picknick im Park.

Ein nicht aufhörender Lachkrampf.

Omas Kartoffelstampf.

Gutsitzende Klamotten.

Hummus mit Karotten.

Spannende Filme und lustige Serien.

Sechs Wochen Sommerferien.

Niemand wird es bereuen,

sich über Kleinigkeiten zu freuen.

Wie ein Messerstich

An diesem Ort hast Du Dich verloren.

Hast zu viel um die Ohren.

Arbeitest Dich kaputt.

Zerfällst in Asche und Schutt.

In Schutt und Asche.

Wirst komplett ausgelaugt.

Wozu arbeitest du überhaupt?

Langer Tag.

Kommst nach Hause.

Auch hier nimmt die Arbeit kein Ende.

Wo bleibt deine verdiente Pause?

Brauchst du nicht langsam etwas Zeit zum Entspannen?

Oder musst du Ruhe für immer aus deinem Leben verbannen?

Immerzu musst du dies und jenes können.

Darfst du dir keine Erholung gönnen?

Musst du dich ständig den leidigen Aufgaben hingeben?

Oder darfst du auch nach deinen Leidenschaften streben?

Keine Zeit mehr für dich.

Das schmerzt wie ein Messerstich.

Du willst doch nur dein Ich ausleben.

Dir damit selbst etwas geben.

Du wirst daran gehindert.

Da gibt es nichts mehr, was den Schmerz noch lindert.

Außer Freiheit.

Dafür bist du schon lange bereit.

Ist es nicht endlich an der Zeit?

Oder muss das warten?

Das echte, pure Leben.

Kann es so etwas geben?

Wann kann es starten?

Die Antwort ist

Jetzt.

Denn nichts tut so sehr weh,

als zu bemerken,

dass Du dein ganzes Leben nur existiert hast.

Bevor du dich selbst noch verletzt,

nimm dir selbst diese große Last.

Lebe *jetzt.*

SONSTIGES

Ratespiel

Die Menschen können nicht ohne mich leben.

Sie werden immer danach streben,

mich zu hören.

Ich kann aber auch stören,

wenn jemand seine Ruhe haben will.

Dann wünscht sich derjenige, ich wäre endlich still.

Ich bestehe aus verschiedenen Geräuschen und Klängen,

und meist auch aus Gesängen,

die sich in den Ohren der Menschen gut anhören sollen.

Ich bringe Gefühle ins Rollen.

Mal ist es Trauer, mal Freude, mal Entspannung.

Dank mir tanzt die Bevölkerung.

Früher hörte ich mich noch ganz anders an als heute.

Ich bringe ein Suchtgefühl in die Köpfe der Leute.

Die Texte, die ich beinhalte können zum Nachdenken anregen

oder auch überhaupt niemanden bewegen.

Die Menschen haben verschiedene Meinungen im Sinn,

wie ich am besten zu hören bin.

Laut oder leise.

Zu Hause oder auf einer Reise.

Mit Kopfhörern oder Durch eine Anlage.

Wichtig nur, dass ich dann nicht versage.

Letztendlich ist mein Wille,

dass ich ein Bedürfnis der Menschen stille.

Lösung: Es handelt sich natürlich um Musik

Dear Grandpa

Dear Grandpa,

to me you're the brightest star.

That you're not here anymore,

hurts like hell in the depth of my core.

I wish you would be here to cheer me up.

I wish the pain would stop.

I want you back.

Could somebody give me a life hack,

which would help me stop missing you?

Is there anything I could do?

I just can't let you go, even if you're already gone since 2007.

So many times I thought about going to heaven,

just so I can see you again.

Because you were and are the most important person to me.

But I have to stay here until my own end.

I make sure my time on earth is well spend.

I make sure you will always be a part of me.

Do you see?

Just like you I try to be totally hate-free.

There is no room for negativity.

Every time I need you, I imagine that your soul is near mine.

And most of the time

I think it's enough, it's fine.

But there are moments I wish I could talk to you.

Face to face.

Is there such a place?

A place where I can see you?

Where I can talk to you?

I need you to be there for me when things get hard.

But you, not being here on earth, is the hardest part.

My favourite sound is still your voice.

Unfortunately I don't have a choice.

I can't hear you; I can't see you.

But I can feel the warm presence of your soul.

I can feel your soul hugging mine.

I can see the stars shine.

One of them is you.

I know it's true.

I don't think it's strange.

There is one thing I want to make clear.

I will always love you, even if you're not here.